CATÉCHISME

POPULAIRE

RÉPUBLICAIN

PARIS
ALPHONSE LEMERRE, ÉDITEUR
47, PASSAGE CHOISEUL, 47

M. D. CCC. LXXI

à mon ami Maurras

Leconte de Lisle

CATÉCHISME

POPULAIRE

RÉPUBLICAIN

CATÉCHISME

POPULAIRE

RÉPUBLICAIN

PARIS
ALPHONSE LEMERRE, ÉDITEUR
47, PASSAGE CHOISEUL, 47

M. D. CCC. LXX

CATÉCHISME

POPULAIRE

RÉPUBLICAIN

L'Homme — L'Individu
Le Corps social — L'État
La République

DE L'HOMME.

Qu'est-ce que l'homme?

L'homme est un être moral, intelligent et perfectible.

Qu'est-ce qu'un être moral?

C'est celui qui aime et qui pratique la justice.

Comment l'homme distingue-t-il ce qui est juste de ce qui ne l'est pas?

Par le témoignage infaillible de la conscience, c'est-à-dire en s'affirmant soi-même, car la nature propre de l'homme est de tendre au bien et de fuir le mal.

Qu'est-ce que le bien?

Le bien est ce qui est conforme à la nature de l'homme, et le mal ce qui lui est contraire. Aucune autre définition ne peut être donnée ni du bien, ni du mal.

Faut-il chercher au-dessus et en dehors de l'homme le principe de la justice?

Non, car l'homme cesserait d'être un être moral et tomberait au niveau de la brute, si le principe de la justice existait en dehors de lui.

La loi morale n'a-t-elle donc pas été révélée et enseignée à l'homme par les religions?

Non, car les religions, uniquement fondées sur les dogmes, conceptions abstraites de l'esprit, n'ont rien de commun avec la loi morale, qui est inhérente à la nature propre de l'homme, et qui, conséquemment, n'a jamais pu lui être antérieure ni étrangère.

Qu'est-ce que la justice?

La justice consiste à rendre à chacun ce qui lui est dû.

Qu'est-il dû à chacun?

L'intégrité de son corps, l'usage complet de ses sens, la santé, la force et le libre exercice de toutes ses facultés.

Qu'est-ce qu'un être intelligent?

C'est celui qui désire et qui recherche la science et la vérité, qui réfléchit, raisonne et comprend, qui s'étudie afin de se connaître et d'affirmer la destinée humaine qui est le bonheur par la pratique de la justice, et qui, par suite, méprise et repousse l'ignorance, cause d'erreur, de violence et d'oppression.

Qu'est-ce qu'un être perfectible?

C'est celui qui emploie toutes ses facultés physiques, intellectuelles et morales à étendre, à développer, à perfectionner sa personnalité dans toutes les directions possibles.

Qu'est-ce que le progrès?

C'est la loi naturelle, constante, nécessaire, par laquelle l'homme agit, s'élève, déploie ses forces et agrandit son existence, sans relâche et sans terme.

Qu'est-ce que l'homme, être moral, intelligent et perfectible, tel que nous l'avons défini?

C'est l'humanité entière, commencement et fin de toute justice et de toute intelligence.

EXPLICATION.

Quand nous affirmons que toute la morale consiste dans l'amour et dans la pratique de la justice, et que le principe de la justice ne peut exister en dehors de l'homme, nous prouvons en même temps que nous affirmons, puisqu'il est impossible, au point de vue de la raison humaine, de nier l'évidence de la vérité que nous exprimons.

Nous disons : au point de vue de la raison humaine, car on ose encore enseigner que l'humanité ne possède par elle-même aucun moyen de distinguer ce qui est juste de ce qui ne l'est pas, et qu'il existe une raison supérieure et toute-puissante qui fait consister l'unique vertu de l'homme dans une aveugle obéissance aux ordres divins, qu'ils soient conformes ou non à la nature humaine. Par suite, ce qui nous semble bon est mauvais, si Dieu le veut, et ce qui nous semble mauvais est excellent, s'il l'entend ainsi. Toute liberté et toute conscience nous étant enlevées, l'homme reste entre les mains d'un maître absolu et incompréhensible, comme l'argile entre les mains du potier, selon la déclaration de saint Paul.

Or la raison humaine nous dit qu'il n'y a en tout ceci ni argile, ni potier, ni maître incompréhensible, ni esclave stupide; que l'homme est libre, qu'il possède une lumière infaillible par laquelle il connaît la justice, que toute la vérité morale lui est révélée et qu'il n'y a en dehors des lois de la conscience que folie, mensonge et abêtissement.

On ne saurait trop insister sur l'infaillibilité de la raison humaine quand il s'agit de distinguer ce qui est juste de ce qui ne l'est pas, car nul ne pourra se dire et ne sera sincèrement républicain s'il n'est pas convaincu que le principe de la justice est inhérent à sa conscience, et s'il peut croire un seul instant qu'une raison étrangère et supérieure à la raison humaine puisse modifier arbitrairement les lois immuables de la morale.

DE L'INDIVIDU.

Qu'est-ce que l'individu?

L'individu est l'homme lui-même, considéré isolément, ou dans ses rapports avec ses semblables.

Quel est le but de l'individu?

Le but de l'individu est de vivre et de se conserver.

Par quels moyens?

Par la satisfaction de ses besoins et par le développement de ses facultés physiques, intellectuelles et morales.

L'individu possède-t-il des droits?

Il possède des droits qui garantissent sa vie et sa conservation.

L'individu a-t-il des devoirs à remplir?

Il a des devoirs à remplir envers ses semblables, car tout droit entraîne un devoir.

Qu'est-ce que le devoir?

Le respect de ses propres droits et de ceux d'autrui.

Le devoir n'a-t-il pas un sens plus actif?

Non, le devoir politique de l'individu ne peut être autrement défini, car, chacun respectant ses propres droits et les droits de chacun, tout est garanti et parfait.

Mais si les droits de l'individu ou du corps social sont lésés, qui donc a le devoir de les garantir et de les faire respecter?

La loi seule.

Qu'est-ce que la loi?

La loi est la règle suprême et la sauvegarde des droits de tous et de chacun.

Que faut-il pour que la loi soit véritablement la règle suprême et la sauvegarde des droits de tous et de chacun?

Il faut qu'elle soit consentie par tous et conforme à la nature de l'homme, être moral, intelligent et perfectible ; sans quoi elle n'est plus loi, mais violence et oppression.

Quels sont les droits de l'individu?

L'instruction, la liberté, l'égalité, la propriété et la sûreté.

Ces droits sont-ils inviolables?

Ils sont nécessairement inviolables, car ils garantissent la vie et la conservation de l'individu.

Qu'est-ce que l'instruction?

Nous avons défini l'être intelligent, celui qui désire et qui recherche la science et la vérité. Or l'instruction est l'unique moyen d'acquérir l'une et l'autre. C'est le premier des droits de l'individu enfant, car il contient en germe tous les autres.

L'instruction doit-elle être donnée gratuitement ?

L'instruction doit être gratuite, comme la liberté et l'égalité elles-mêmes, qui ne peuvent être ni achetées, ni vendues, ni refusées.

L'instruction est-elle obligatoire ?

Oui, car nul ne doit refuser pour soi ou pour les siens l'unique moyen d'acquérir la science et la vérité, sous peine d'être une brute et non un homme.

Qu'est-ce que la liberté ?

La liberté est le droit d'exprimer sa pensée et d'agir sans entraves.

Ce droit est-il illimité?

Il n'a d'autre limite que le droit d'autrui.

L'individu peut-il aliéner sa liberté?

Non, car aliéner sa liberté c'est non-seulement renoncer à la dignité d'homme, être moral, intelligent et perfectible, mais encore c'est attenter à la liberté de tous, qui, elle aussi, pourrait être aliénée.

Tous les individus, formant le corps social, peuvent-ils aliéner collectivement leur liberté?

Non, car ce serait attenter à la liberté de chacun.

Mais n'est-ce point un acte de liberté que de renoncer volontairement à la liberté?

Non, car il n'y a point de droit contre le droit.

Qu'est-ce que l'égalité?

L'égalité est le droit qu'ont tous les individus indistinctement de vivre, de se conserver et d'améliorer leur condition, sans préférence ni privilége.

Qu'est-ce que la propriété?

La propriété est le droit de jouir et de disposer librement des choses légitimement acquises.

Qu'est-ce que l'acquisition légitime?

Celle qui est due au travail ou à l'héritage.

L'individu peut-il être privé de la totalité ou d'une portion de ce qu'il possède?

Oui, au nom et dans l'intérêt du corps social; mais alors ce préjudice doit être équitablement compensé par une indemnité préalable.

Qu'est-ce que la sûreté?

La sûreté est le droit pour l'individu d'être assuré contre toute atteinte à la libre satisfaction de ses besoins et au libre développement de ses facultés.

Quels sont les devoirs de l'individu?

Les devoirs de l'individu sont les conséquences nécessaires de ses droits. Ils garantissent la vie, la conservation et le légitime perfectionnement des autres individus, d'où résultent la conservation et l'harmonie du corps social tout entier.

Où s'arrêtent les devoirs de l'individu?

Les devoirs de l'individu sont proportionnels à ses droits. Nul devoir n'est plus grand qu'un droit, car alors l'individu serait opprimé. Or l'oppression d'un seul opprime le corps social tout entier.

L'individu est-il responsable?

L'individu est responsable enver

lui-même et envers ses semblables.

Qu'est-ce que la responsabilité?

La responsabilité est la garantie du respect réciproque des droits.

L'individu peut-il être soumis à une peine?

Oui, car il est responsable, et la responsabilité implique une sanction.

Qu'est-ce qu'une sanction?

C'est l'acte par lequel la loi affirme la responsabilité de l'individu en le frappant d'une peine.

Quelle est la mesure de cette peine?

Elle ne peut être que la proportion au délit.

EXPLICATION.

Il y a une différence sensible, nous l'avouons, entre ces deux demandes et ces deux réponses : — 1° *Pourquoi Dieu nous a-t-il créés?* — *Pour le connaître, l'aimer et le servir;* — et 2° Quel est le but de l'individu? — *Le but de l'individu est de vivre et de se conserver, par la libre satisfaction de ses besoins et par l'entier développement de ses facultés physiques, intellectuelles et morales.*

Ceux qui prétendent que Dieu a créé l'homme afin d'être connu, aimé et servi par lui, n'exigent pas autre chose de l'homme que de renoncer à sa raison, à son intelligence, à sa liberté morale, de se nier soi-même et de s'anéantir en face d'une puissance absolue dont il ne lui est accordé de comprendre ni la nature ni la justice.

Certaines personnes prétendent aussi, il est vrai, faire concorder la volonté divine et le libre arbitre de l'homme; mais les deux termes étant, de toute évidence, et en eux-mêmes, radicalement inconciliables, la prétention dont il s'agit n'a jamais été qu'une assertion mensongère qui a coûté la vie à des millions d'hommes, torturés, massacrés et brûlés vifs pour la plus grande gloire de cette puissance incompréhensible.

La raison humaine, au contraire, affirme que la fin de l'homme est de se connaître soi-même, d'aimer la justice et de la pratiquer envers ses semblables ; et la conscience universelle proclame que cela est la vérité irréfutable.

DU CORPS SOCIAL.

Qu'est-ce que le corps social ?

Le corps social est une association formée par tous les individus dans un intérêt commun de vie et de conservation, et pour la garantie réciproque des droits.

Comment le corps social se forme-t-il ?

Le corps social se forme, selon la nature propre de l'homme, et successivement, par le couple, par la famille, par la race, par la nationalité.

Qu'est-ce que le couple ?

C'est l'union de l'homme et de la femme, ou le mariage, quelles que soient d'ailleurs les formalités particulières, mais librement consenties, qui la constituent.

Qu'est-ce que la famille?

C'est le groupe naturel formé par le père, la mère, les enfants, frères et sœurs, et les plus proches parents.

Qu'est-ce que la race?

C'est un groupe plus ou moins nombreux de familles unies par une origine commune et parlant une même langue.

Qu'est-ce que la nationalité?

C'est un groupe politique qui se constitue quelquefois d'une seule race, et parfois aussi de plusieurs unies et librement associées dans leur intérêt commun.

Quel est le but du corps social constitué en nation?

Le but du corps social constitué en nation est de vivre et de se conserver dans sa collectivité, en garantissant les droits de chacun des individus qui la composent.

Par quel moyen le corps social atteint-il ce but?

Par une organisation politique conforme à la nature propre de l'homme, être moral, intelligent et perfectible, respectant et garantissant, à l'égard de l'individu, les droits naturels qui sont l'instruction, la liberté, l'égalité, la propriété et la sûreté, et sauvegardant l'intégrité de l'association générale.

Comment le corps social doit-il procéder à cette organisation politique?

Par la constitution de la commune, qui est la base la plus simple, la plus rationnelle et conséquemment la meilleure de l'association générale.

Qu'est-ce que la commune ?

La commune est la réunion des individus habitant une même localité et nommant par l'élection un conseil communal.

Qu'est-ce qu'un conseil communal ?

Le conseil communal est la réunion d'un certain nombre d'individus nommés par le libre suffrage de leurs concitoyens pour sauvegarder les intérêts de la commune et maintenir les droits inviolables de chacun de ses membres, c'est-à-dire l'instruction, la liberté, l'égalité, la propriété et la sûreté, en donnant l'enseignement primaire, en assurant la libre circulation, en établissant l'assistance et en prenant toutes les mesures nécessaires de salubrité publique.

Comment le corps social, sur la base de la commune, doit-il compléter l'organisation politique générale ?

Soit par la constitution du département, groupe de communes, de la province, groupe de départements, et enfin de l'État, soit autrement, car toute organisation politique sera la plus rationnelle et la meilleure qui sauvegardera et maintiendra les droits naturels de l'individu en assurant l'harmonie et la conservation du corps social.

DE L'ÉTAT.

Qu'est-ce que l'État?

L'État, dans toute organisation politique la plus simple, la plus rationnelle et la meilleure, ne peut plus posséder ni autorité, ni initiative qui lui soient propres, et ne doit plus être qu'une pure administration des affaires générales de la nation.

Par qui l'État est-il représenté?

Par un certain nombre d'agents sans priviléges particuliers, n'ayant d'autres titres à la confiance de tous que leur aptitude individuelle aux fonctions qu'ils ont à remplir, et pouvant toujours être révoqués.

Quels doivent être les rapports des agents d'État avec la nation?

Les agents d'État sont les employés de la nation. Ils s'occupent, sous son contrôle incessant, de percevoir l'impôt librement consenti et d'en répartir les revenus afin de subvenir aux dépenses générales.

A qui appartient le gouvernement de la nation?

A la nation elle-même, par l'action combinée de la commune, du département, de la province et de la représentation nationale.

Qu'est-ce que la représentation nationale?

La représentation nationale est une réunion de citoyens nommés par le suffrage universel et direct.

recevant un mandat impératif, chargés d'exprimer et de faire respecter la volonté générale et de maintenir l'intégrité et l'indivisibilité politiques de la République.

EXPLICATION.

Il est bien entendu que nous n'affirmons ici, en thèse générale, touchant le Corps social et l'État, qu'un idéal conforme aux principes fondamentaux que nous avons établis, et que toute nation doit respecter dans leur intégrité, quand elle procède à son organisation politique.

En effet, quelles que soient les difficultés incontestables d'une telle tâche et les complications nécessaires qu'elle suppose, il ne faut pas que rien puisse nous faire oublier que les droits de l'individu doivent toujours, et imperturbablement, subsister entiers et inviolables, puisqu'ils sont l'unique raison d'être des droits collectifs.

S'il en était autrement, nous ne tarderions pas à retomber, par une pente irrésistible, sous le joug d'un despotisme quelconque, politique, administratif et social. En France, le danger en est peut-être plus grand que partout ailleurs. Nos seules garanties contre les erreurs et les catastrophes que peut nous réserver l'avenir résident donc uniquement dans notre respect inébranlable des principes et dans notre volonté inflexible de n'édifier que sur eux.

DE LA RÉPUBLIQUE.

Qu'est-ce que la République?

La République est l'ensemble de tout ce qui précède, théorie et pratique; c'est la liberté individuelle et la liberté collective proclamées et garanties; c'est la nation elle-même, vivante et active, morale, intelligente et perfectible, se connaissant et se possédant, affirmant sa destinée et la réalisant par l'entier développement de ses forces, par le complet exercice de ses facultés et de ses droits, par l'accomplissement total de ses devoirs envers sa propre dignité qui consiste à ne jamais cesser de s'appartenir; c'est enfin la vérité et la justice dans l'individu et dans l'humanité.

Achevé d'imprimer

LE 20 DÉCEMBRE MDCCCLXX

PAR J. CLAYE

POUR A. LEMERRE, LIBRAIRE

A PARIS

J. Claye. imprimeur
S. Benoit 7. à Paris

www.ingramcontent.com/pod-product-compliance
Ingram Content Group UK Ltd.
Pitfield, Milton Keynes, MK11 3LW, UK
UKHW021931190726
13853UKWH00002B/988